Cody works at a quarry.

An excavator dumps gravel into his bed. *Boom! Crash! Bang!* Cody will bring it to a construction site.

Find the truck words hidden below.

wheels gasoline piston axle tires brakes gears fender door
mirror engine diesel motor muffler exhaust

```
I  B  I  Q  S  Z  V  J  H  G  U  P  D  B  O
T  H  P  R  U  J  R  F  S  B  Y  Q  R  H  R
G  A  A  T  A  L  T  L  N  P  I  F  A  E  E
G  E  Z  G  A  X  E  V  J  A  Q  S  L  P  I
G  S  S  A  G  E  L  G  L  S  E  F  U  E  B
D  V  K  N  H  O  I  E  T  K  F  Q  N  C  V
S  U  N  W  J  B  S  X  A  U  V  I  G  O  U
S  Y  F  M  Z  E  O  R  M  I  G  D  R  E  T
Y  U  E  A  I  D  B  N  E  N  H  R  P  R  C
K  A  N  D  E  R  K  Y  E  R  E  K  D  K  P
D  A  D  S  O  F  T  O  J  S  D  S  J  J  I
O  S  E  R  E  X  H  A  U  S  T  O  G  W  S
O  T  R  P  Y  A  P  T  I  R  E  S  C  E  T
R  I  G  A  S  O  L  I  N  E  I  R  W  Y  O
M  O  T  O  R  J  F  B  P  G  A  R  G  L  N
```

Help Cody get to the highway.

Big rigs roll down the highway.

Circle the two matching big rigs.

How many words can you make with the letters in...

BIG DIESEL TRUCKS?

_____   _____

_____   _____

_____   _____

_____   _____

_____   _____

_____   _____

_____   _____

Someone needs help!
Cody calls for help.

Who does Cody call?
Connect the dots to find out.

A tow truck tows the van.

Unscramble these road words.

CFIRATF _____

YHAHGWI _____

SACR _____

EDPES _____

Uh-oh! Road closed.

That's because a paver is spreading fresh asphalt.

Who else does Cody see?
Use the key to color in the picture.

1: yellow   2: black   3: blue   4: gray   5: white

A road roller presses the new asphalt.

Cody takes a detour into the mountains. Help him find his way.

Look at the two pictures. Find ten things that are different.

Find the road words hidden below.

pavement asphalt guardrail bridge intersection billboard shoulder
detour tunnel parkway signs throughway crossing street entrance

```
S A A B V U D P J C G W L U F
X S S R M P N K K Y O R Z J V
O P H I P A V E M E N T V O G
U H O D E R O J U J G U F C M
X A U G U K B M D G G N F J G
U L L E H W X Y N J J N L W U
D T D D A A N I H Q H E Y C A
E V E O J Y S F P R A L L N R
N G R Y A S B I L L B O A R D
T G R P O K Q D I S I G N S R
R T H R O U G H W A Y U V U A
A P C B Y H L L S L J K K M I
N N G O T O Q S D E T O U R L
C I N T E R S E C T I O N Q I
E I F E G F F Z S T R E E T S
```

A snowplow clears the road.

How many words can you make with the letters in...

SNOWY MOUNTAIN ROAD?

At the bottom of the mountain, Cody hears something.
Brumm! Brumm!

Monster trucks rock!
Mud flies!

Cody is stuck in mud!

How many words can you make with the letters in...

AWESOME MONSTER TRUCKS?

_____   _____

_____   _____

_____   _____

_____   _____

_____   _____

_____   _____

_____   _____

Who can help Cody?
Use the key to color in the picture.

1: brown 2: green 3: red 4: blue 5: black

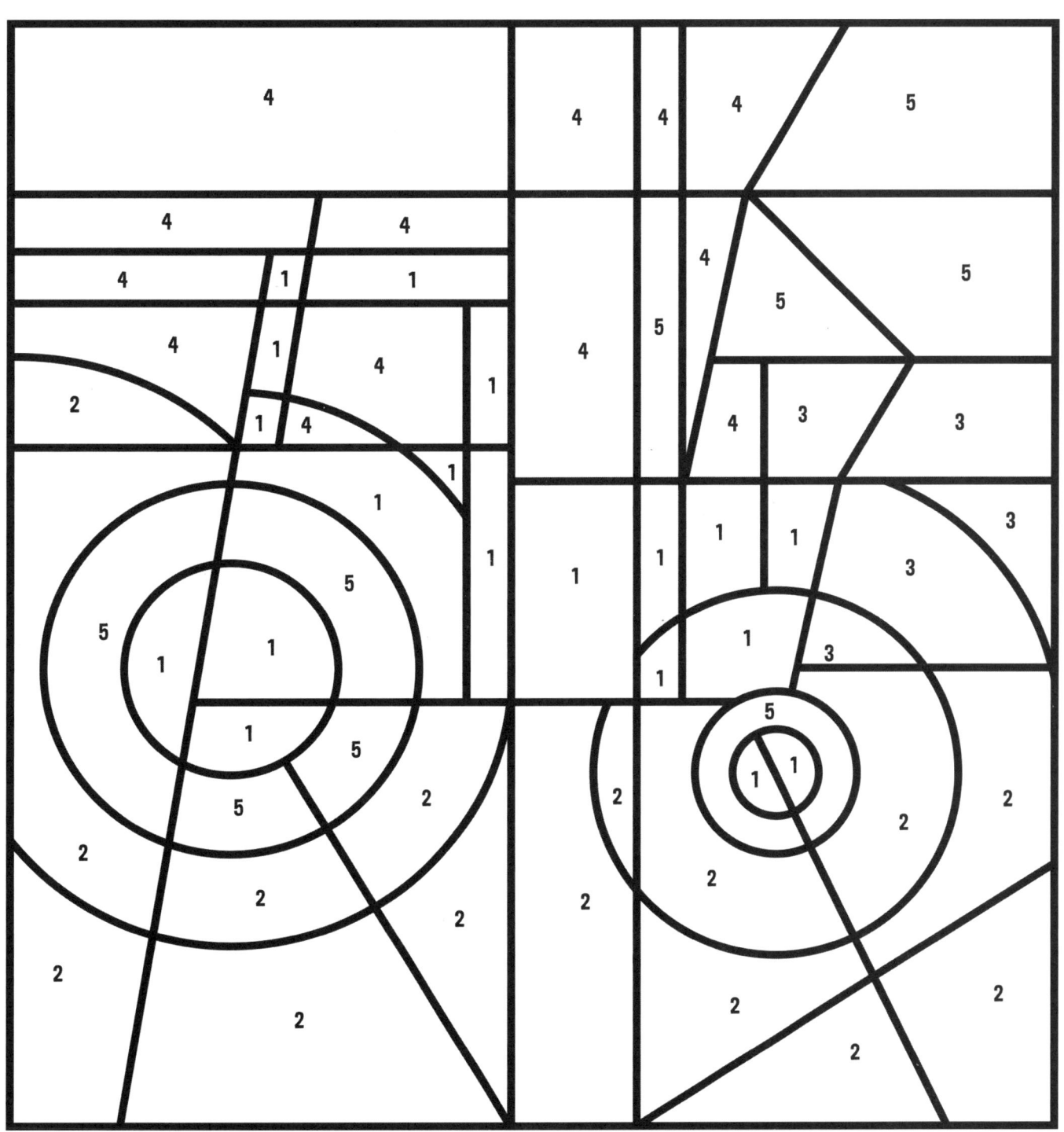

A tractor pulls Cody out of the mud.

Unscramble these farm words.

YHA _____

LEIDF _____

OATRTCR _____

ATESHRV _____

The combine harvester works hard!

Circle the two matching combine harvesters.

Help Cody find his way through the farm.

Find the farm words hidden below.

cultivator tractor harvester vegetables field
acres agriculture scarecrow pasture irrigation
fertilizer tiller meadow farmhouse grains silo

```
A R H U A T F I E L D E S X L
A Y P A G W T G F M R Z C V T
N T U N R G W V D E X J A Y I
Z A I P I V O M Z N G J R F L
P B B A C H E I E A C R E S L
S P Q S U T L S P A D J C Q E
P I B T L I P U T X D R R Y R
G J B U T O W V J E W O O G E
T S F R U B N Y Q Z R W W O R
D E E E R F A R M H O U S E I
X F C R E V E G E T A B L E S
G U M I O I R R I G A T I O N
G G R A I N S M I S I L O R C
C U L T I V A T O R I V U P E
T R A C T O R B D Z S O J D S
```

In the city, Cody sees an emergency.
This fire engine is on it!

Connect the dots.

Unscramble these city words.

ESRETT _____

DIGILBUN _____

GNSIS _____

DIAKLWES _____

OETSRS _____

Look at the two pictures.
Find ten things that are different.

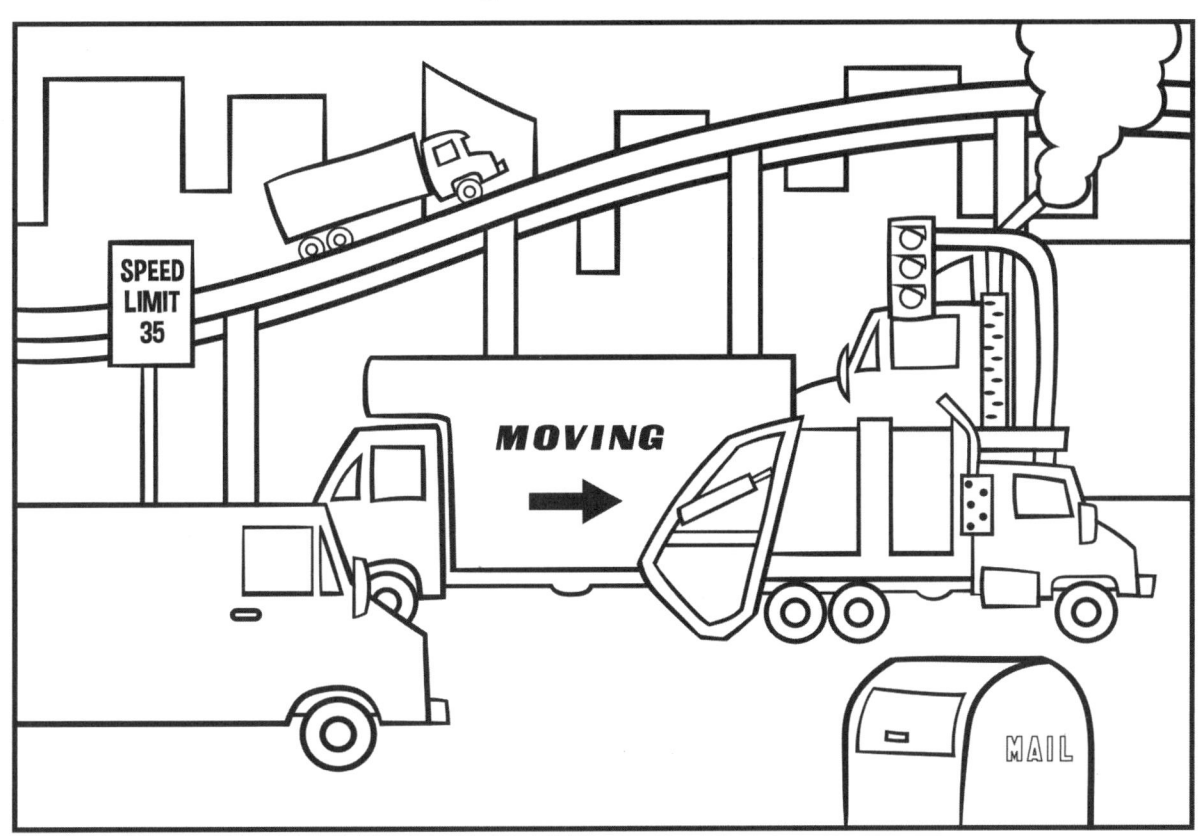

How many words can you make with the letters in...

CROWDED CITY STREETS?

Help Cody find his way through the city.

START

END

Solve the truck and tractor crossword puzzle using the words in the word bank.

tires highway tractor speed engine ambulance blizzard
mirror crops bus bulldozer wheels paver gas brakes

Across

2. This truck helps to make roads.
7. Cars and trucks drive fast on this.
8. Some big trucks have 18 of these.
9. This stuff makes cars and trucks go!
11. Monster trucks have really big _____!
12. Drivers use these to stop.
13. A snow plow can help if you're stuck in this.
14. A combine harvests these.

Down

1. This vehicle helps when someone gets hurt.
3. Every truck and tractor has this under the hood.
4. This vehicle works on a farm.
5. This is a word for how fast you are going.
6. This vehicle can push heavy things.
10. Use this to see behind you.
12. This big vehicle carries lots of people.
13. You'll find this building on a farm.

A garbage truck collects trash.
Thank you!

A street sweeper cleans the street.
Thank you!

Unscramble these construction vehicles.

NCERA _____

LDROULZBE _____

AETXAVOCR _____

UDPM UCRTK _____

RNOTF RELADO _____

Connect the dots.

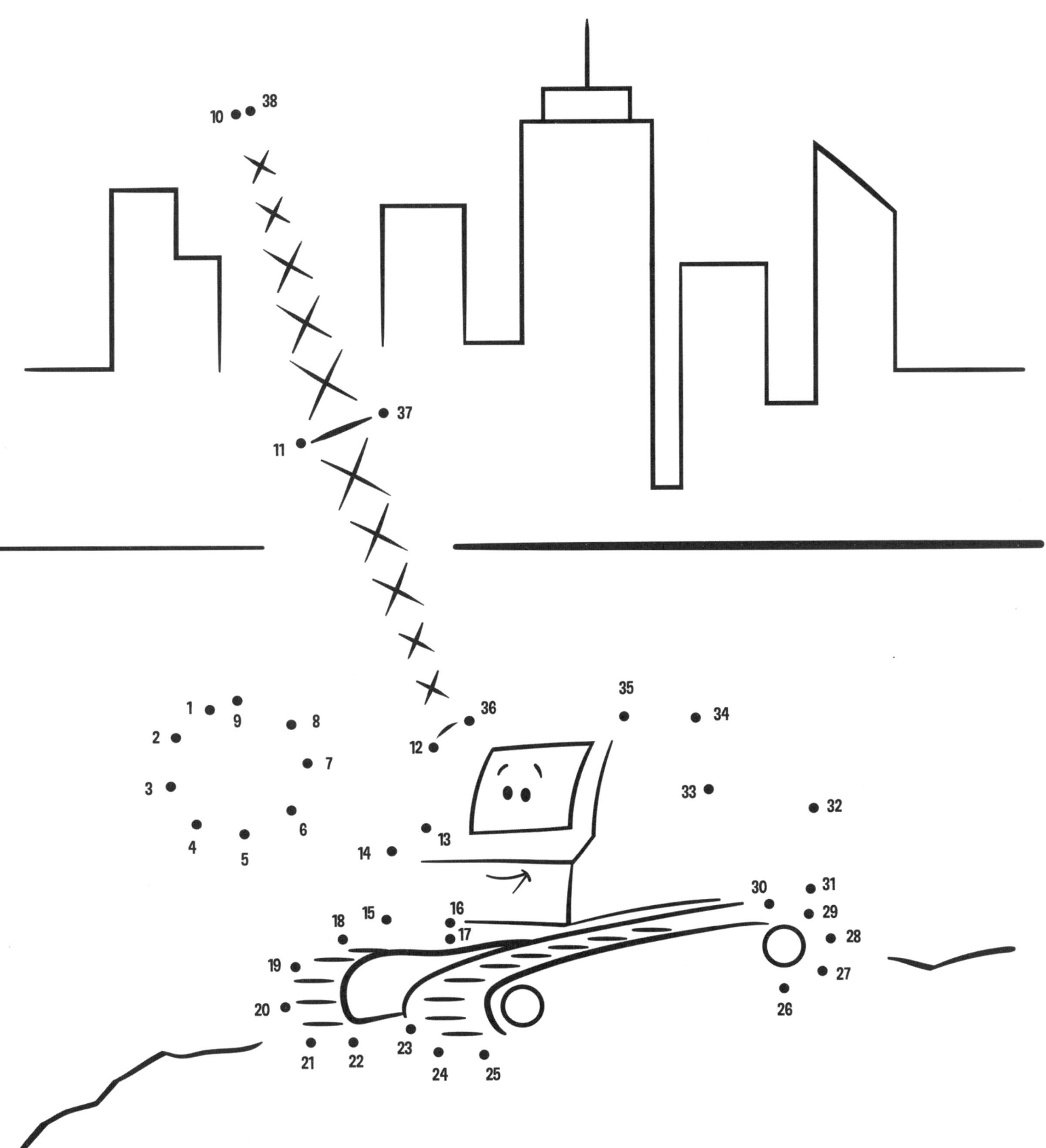

Oops! The gravel spills everywhere!

How many words can you make with the letters in...

BUSY CONSTRUCTION SITE?

Who can help Cody?
Use the key to color in the picture.
1: yellow   2: blue   3: green   4: gray   5: brown   6. black

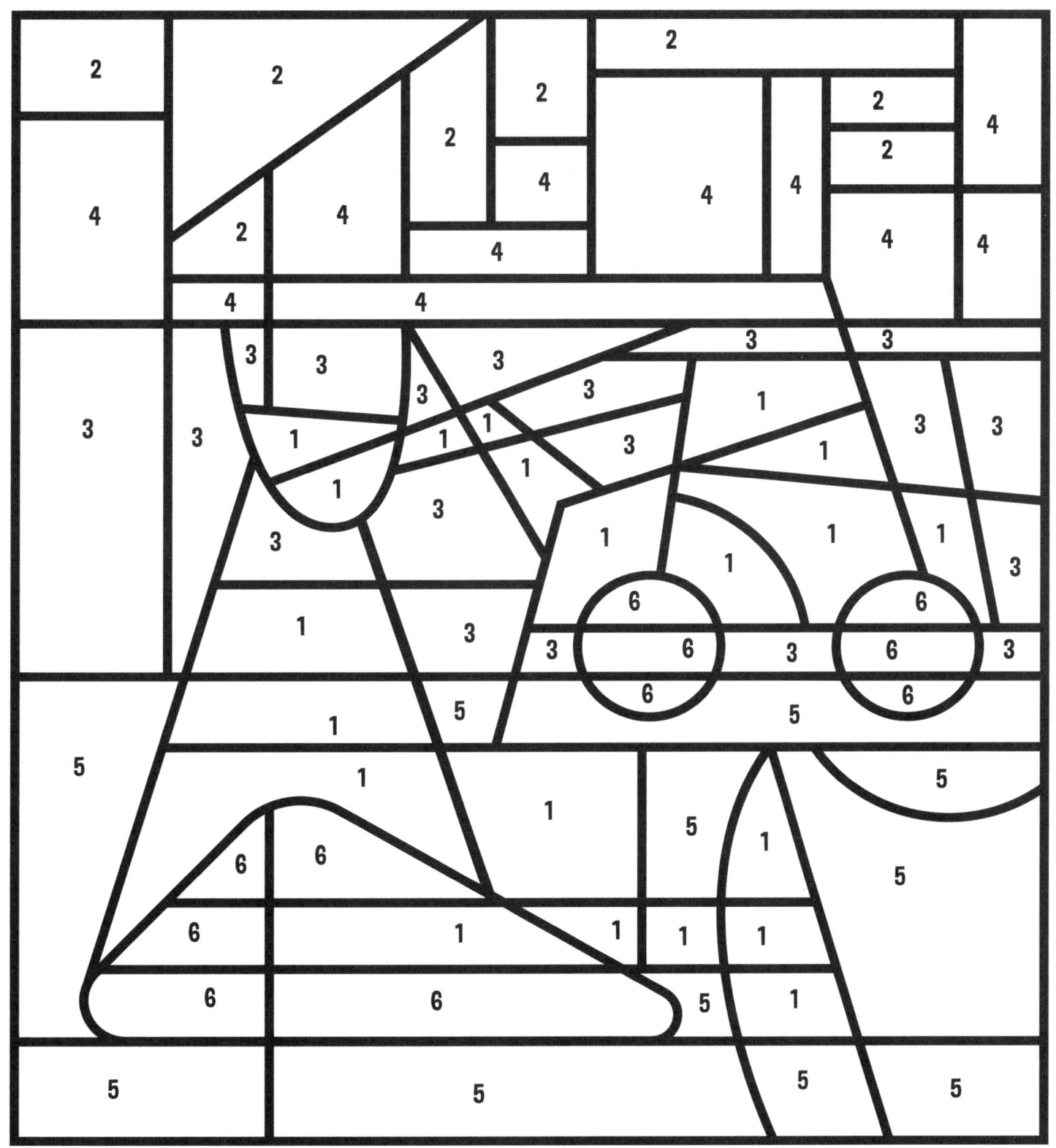

A bulldozer pushes the gravel into a pile.

A front loader puts the gravel back into Cody's bed.

Find the construction words hidden below.

excavator dumptruck concrete jackhammer foundation
bulldozer gravel crane bricks beams backhoe dirt
steel forklift scaffolding

```
M P T Z T U V Y H W N F O R K L I F T V
T F R E Z U G E C D U G G G V C P M L I
R V S X W S D U M P T R U C K Y G C L M
R S D C I C H P X G P A I X B K T E P C
Y X K A A M I G F P Y V L M E Y O J H M
A E A V V F S R W H E E Y X O H A J X B
P E U A A K F X X T B L Y S K Y V P G E
W U R T G U Y O E K O E N C D H E O N H
A A X O O L B R L H D W A S K M Z Z Q T
G Z B R I J C P L D S B Z M D X T Z E Y
Q B Z U X N U C A P I K T V S N S O Q F
X Y L C O Y H E R U D N F X X S X S V R
L E W C A J K L C A J C G N B F T P Z Y
V P G S B R I C K S N N Z I E G V E O E
Q A F U V W I M A G P E Q I A T Y K E Z
J A C K H A M M E R P K D Y Z Z O N L L
G C S B U L L D O Z E R T U D P H F Y F
F O U N D A T I O N V C R Z T I O A T A
V Y N A P L F E L H R G D S J N R K V I
Y O U V M C G J Y T M N B Q U Z A T K G
```

Cody dumps the gravel. It will be used to make a new parking lot!

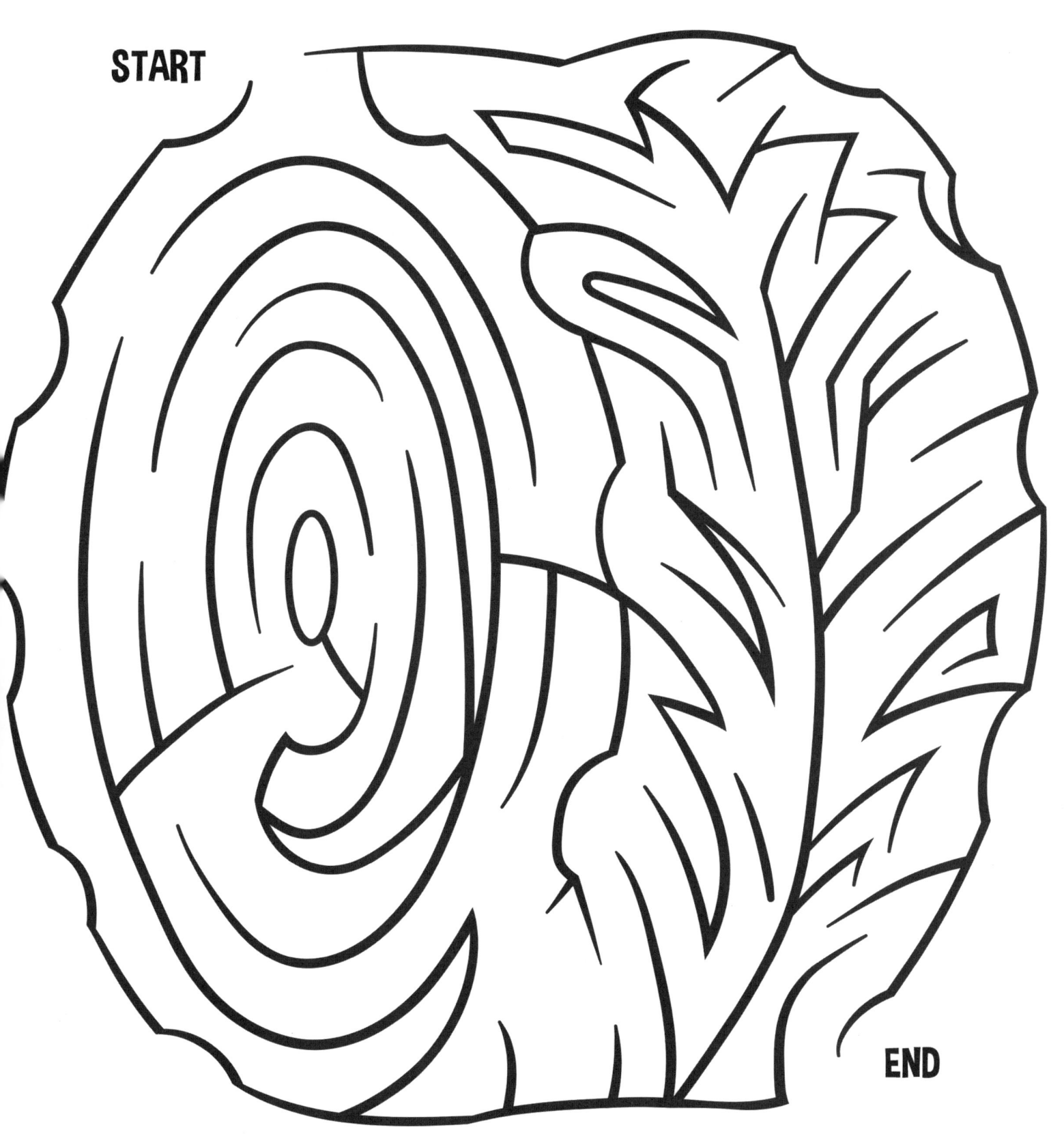

Draw a dump truck!

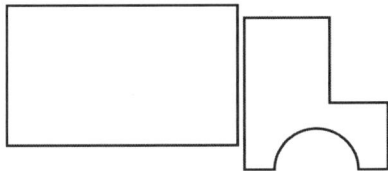

Step 1: Draw two shapes for the bed and the cab. The bed is a rectangle. The cab is a big L with a bite taken out.

Step 2: Draw three circles for wheels.

Step 3: Draw the exhaust pipe. Put a rectangle below it.

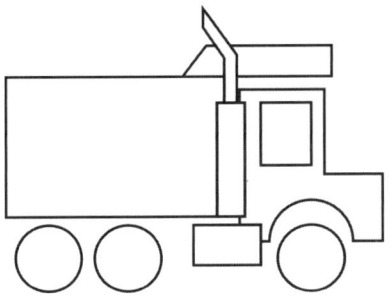

Step 4: Add the part that goes above the cab.

Step 5: Add rectangles to the bed. Draw smaller circles inside the wheels.

Step 6: Add extra details.

Answer Key

Page 5
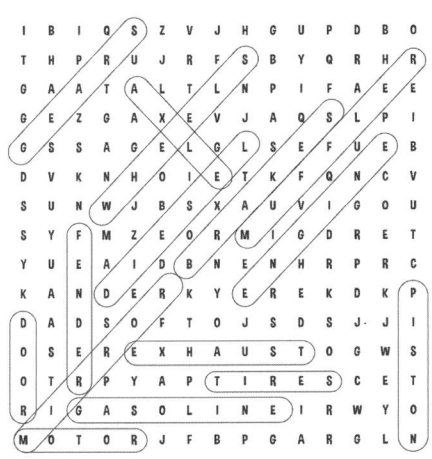

Page 7

Page 11

Page 13
How many words can you make with the letters in . . .
BIG DIESEL TRUCKS?

Tree	See
Cut	Gel
Cute	Tuck
True	Tie
Kiss	Bit
Seed	Bite
Bed	Stuck
Bee	Guess

Page 17
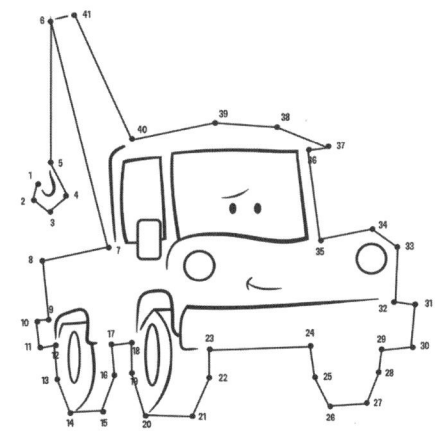

Page 21
Unscramble these road words.

CFIRATF – traffic
YHAHGWI – highway
SACR – cars
EDPES – speed

Page 27
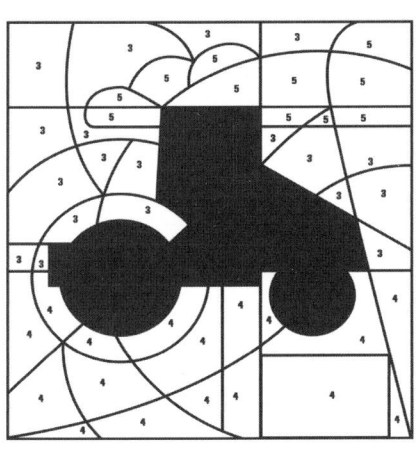

Page 31

Page 33

Page 35

Page 39

How many words can you make with the letters in . . .
SNOWY MOUNTAIN ROAD?

Train	Not
Door	Dim
Man	Sun
Tan	Son
Ram	sad
Mat	Sat
Mad	Said

Page 41

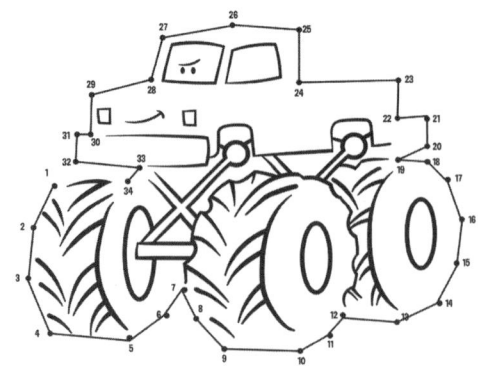

Page 47

How many words can you make with the letters in . . .
AWESOME MONSTER TRUCKS?

Man	True
Men	Same
Mean	Stars
Saw	Eats
Cute	Name
Stuck	Cut
Tree	Mouse

Page 49

Page 53

Unscramble these farm words.

YHA - hay
LEIDF - field
OATRTCR - tractor
ATESHRV - harvest

Page 57

Page 59

Page 61

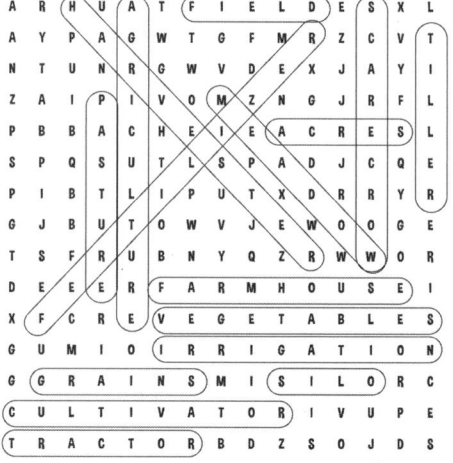

Page 65

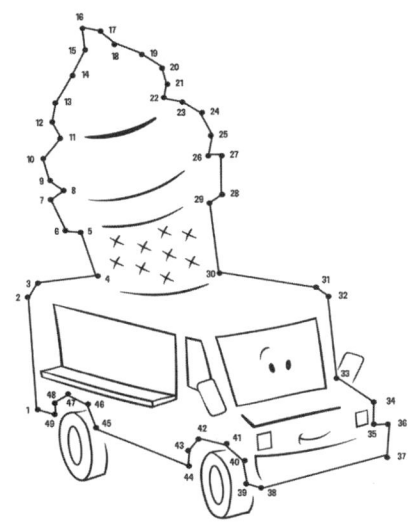

Page 67

Unscramble these city words.

ESRETT – street
DIGILBUN – building
GNSIS – signs
DIAKLWES – sidewalk
OETSRS – stores

Page 69

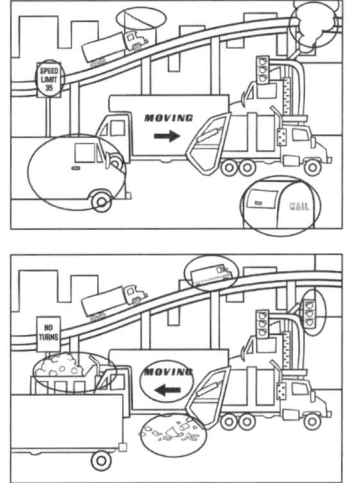

Page 71

How many words can you make with the letters in . . .
CROWDED CITY STREETS?

Row	Wet
Ice	Sit
Tree	Icy
Cow	Core
Dot	Drew
Rose	Wire
Crow	Tires

Page 73

Page 75

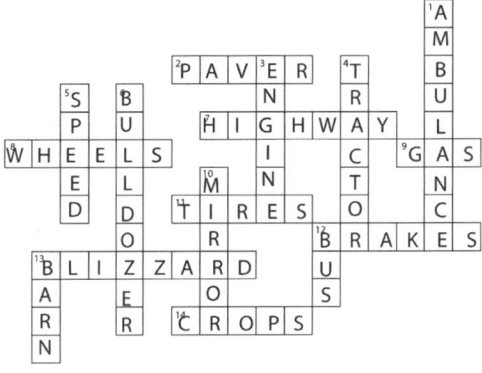

Page 81

Unscramble these construction vehicles.

LDROULZBE – bulldozer
NCERA – crane
AETXAVOCR – excavator
UDPM UCRTK – dump truck
RNOTF RELADO – front loader

Page 83

Page 87

How many words can you make with the letters in . . .
BUSY CONSTRUCTION SITE?

Bus	Runs
Sit	Rose
Icy	Into
Ton	Buys
Son	Try
Buns	Tries
Nice	Nose

Page 89

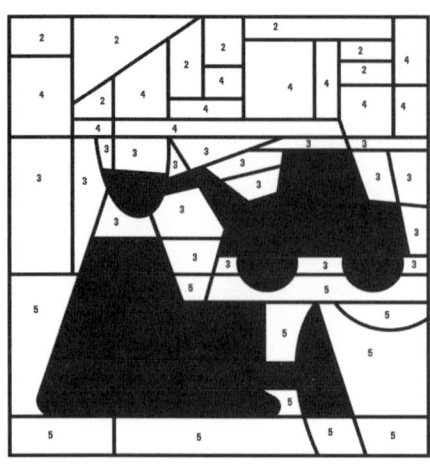

Page 95

Page 97

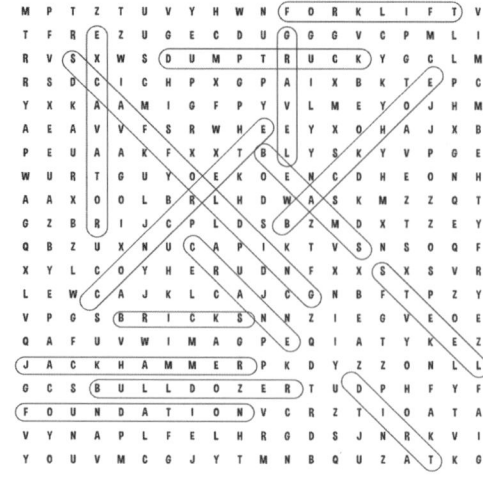

Page 101

Copyright © 2020 by Bryan Langdo

All rights reserved. No part of this book may be reproduced in any manner without the express written consent of the publisher, except in the case of brief excerpts in critical reviews or articles. All inquiries should be addressed to Sky Pony Press, 307 West 36th Street, 11th Floor, New York, NY 10018.

Sky Pony Press books may be purchased in bulk at special discounts for sales promotion, corporate gifts, fund-raising, or educational purposes. Special editions can also be created to specifications. For details, contact the Special Sales Department, Sky Pony Press, 307 West 36th Street, 11th Floor, New York, NY 10018 or info@skyhorsepublishing.com.

Sky Pony® is a registered trademark of Skyhorse Publishing, Inc.®, a Delaware corporation.

Visit our website at www.skyponypress.com.

10 9 8 7 6 5 4 3 2

Library of Congress Cataloging-in-Publication Data is available on file.

Cover design by Daniel Brount
Cover illustration by Bryan Langdo

Print ISBN: 978-1-5107-6336-4

Printed in China